PROJET

POUR LIBÉRER L'ÉTAT,

SANS EMPRUNT,

SANS INNOVATIONS,

ET

EN SOULAGEANT LES PEUPLES.

1788.

OBSERVATIONS
GÉNÉRALES,

*Sur les points d'Administration discutés à l'Assemblée
des Notables.*

DES différentes observations qui ont été faites, à ce
sujet, il résulte que pour procurer à la France tout le lustre
qu'elle doit avoir, il n'est question que de corriger les abus
qui existent dans chaque partie de la Finance, en simplifiant
les perceptions, en évitant toutes déprédations, & en éta-
blissant dans chaque partie d'Administration une économie
& un ordre qui ne permettent à aucun Ministre d'y déroger
sans un ordre exprès du Roi.

. Il paroît en conséquence que les Assemblées Provin-
ciales pouvant entraîner des inconvéniens pires que ceux
auxquels il est question d'obvier, elles ne devroient avoir
lieu que pour s'occuper des objets qui ont trait aux encou-
ragemens, à donner aux Manufactures, aux Arts, à l'Agriculture, & à tout ce qui peut tendre à tirer un parti avan-
tageux de leur province; mais que leur institution est anti-
monarchique, qu'ainsi le Roi ne peut & ne doit pas per-
mettre que d'autres que lui ou ses préposés reçoivent ses
revenus, & dirigent ses Finances, sans exposer la tranquillité de ses descendans.

* A

Qu'en conféquence des affemblées de Paroiffe, où le Syndic, comme homme du Roi, intimeroit fes volontés, & les quatre Anciens de la Paroiffe, le Curé, le Seigneur, ou fon Fermier, & autres Notables du lieu, veilleroient & procéderoient à l'exécution de fes ordres, deviendroient au contraire néceffaires pour entretenir l'harmonie qui doit exifter dans le Royaume, opérer la tranquillité du Souverain, le bonheur du Peuple, & parvenir dans le moment à affeoir fans frais, & avec la plus grande juftice poffible, la valeur des biens fonds du Royaume, pour établir un impôt uniforme qui débarraffe l'état de tout l'odieux & l'injufte qu'entraînent les perceptions actuelles, fans préjudicier au produit des revenus du Roi.

Nota. Une lettre circulaire qui s'enverroit imprimée d'un Bureau établi *ad hoc* à Paris, avec la réponfe en blanc qu'il ne faudroit que remplir, fuffiroit pour cette correfpondance avec les Communautés qui feront tenues de faire parvenir aux Tréforiers, établis dans chaque Province, les fonds de leurs impofitions fans aucuns frais, comme cela fe pratique dans les Etats du Roi de Sardaigne, & peut fe faire en France.

L'ancienneté de la Monarchie prouve la bonté des lois qui en ont établi l'inftitution ; ce n'eft pas par des innovations qu'on rétablira l'ordre, mais en mettant de l'ordre dans l'Adminiftration des Finances, en réglant les dépenfes fur les revenus, & en furveillant à ce que non feulement elles ne les excèdent pas, mais qu'il y ait annuellement un excédent qui ferve à acquitter les dettes qui exiftent, ou à pourvoir aux dépenfes extraordinaires que les circonftances peuvent exiger.

(5)

Pour parvenir à ce but, il faut commencer par avoir un état bien détaillé des dettes, & du produit des revenus du Royaume, afin d'en balancer les recettes & dépenses, de manière à pouvoir sûrement percevoir, & avec le moins de frais possibles, l'exacte perception des uns, & pourvoir au payement des autres.

Il faudra ensuite distinguer ces dettes en quatre parties, savoir, les dépenses journalières, les dettes criardes qui ne portent point intérêt, les rentes viagères qui s'éteignent, & dont on ne doit que les intérêts sans le capital, & les rentes perpétuelles dont on ne doit que l'intérêt, afin d'affecter à chaque partie des fonds qui subviennent aux dépenses journalières, & assurent le payement des intérêts de celles qui ne sont point exigibles, & le remboursement successif des unes & des autres d'une manière stable, qui obste à l'arbitraire des Ministres, & à toutes autres innovations que celles que le Roi croiroit devoir y faire.

Nota. Six Ministres qui, satisfaits de l'honorifique, des honoraires, & de la considération que donne leur place, abandonneront toutes vues personnelles pour se concerter ensemble, afin de mettre de l'ordre dans leur département, le diriger sur de bons avis, & profiter de la bonne volonté du Roi, pour diriger ses intentions sur le bonheur de ses sujets, rétabliront bientôt tous les désordres dont on se plaint, & montreront le Roi grand & bienfaisant, sans que l'on soit obligé d'assembler des Notables ni des Etats Généraux, qui occasionneront sûrement de grandes dépenses, & ne feront, comme les précédents, que la volonté du Roi.

En attendant les états des dettes & du produit actuel

* A ij

des revenus du Royaume, états qui font indifpenfables pour procéder avec certitude aux opérations projettées, on croit pouvoir prendre pour objets de comparaifon les relevés donnés par le compte rendu de M. Necker, qui en 1781 a établi que les revenus du Roi excédoient de 10,200,000 liv. fes dépenfes, indépendamment de 17,326,666 liv. employées annuellement à un rembourfement des dettes, fauf à rectifier, modifier, ou augmenter, ou diminuer les articles qui peuvent concerner les recettes & dépenfes quand ils feront bien connus. Le plus ou le moins de dettes eft indifférent au fond du projet, puifque l'on établira un impôt proportionné au fond de la dette bien connue.

On obfervera en conféquence, 1°. qu'en 1781 les dépenfes affectées à l'entretien de la Maifon du Roi & de toute la Famille Royale étoient portées à 33,000,000 liv. En laiffant fubfifter toutes ces dépenfes jugées néceffaires pour donner à chaque Prince & à chaque Princeffe l'exiftence honnête & brillante qu'ils doivent avoir, on peut affecter au payement de ces dépenfes, fuivant l'antique maxime de la Monarchie, les revenus des Domaines & droits domaniaux qui font affermés aujourd'hui 41,000,000 liv., & dont il fera compté dans un comité compofé du Secrétaire d'Etat ayant le département de la Cour, du Contrôleur Général, deux Confeillers d'Etat, deux Préfidens du Parlement, & trois Adminiftrateurs du Domaine, fans que perfonne puiffe excéder le produit, ni déranger la deftination de ces fonds, fi ce n'eft par un ordre primitif du Roi qui attribueroit à la fin de l'année les épargnes à quelques objets d'utilité publique pour fon Peuple, ou à l'extinction des dettes.

Nota. Les Domaines du Roi , non comprises toutes les modifications dont ils font fufceptibles , font affermés aujourd'hui la fomme de... 41,000,000 liv.

Les dépenfes de la Maifon & Famille Royale ne montent qu'à..................................... 33,000,000.

Reftera un excédent de..................... 8,000,000

N. B. De cet article il réfulte qu'il eft dans ce moment inutile d'agiter les propofitions faites aux Notables , tendantes à l'inféodation des Domaines , & à l'établiffetation des droits du timbre , dont l'objet peut être réfervé pour des befoins plus urgens.

2°. Que le produit des recettes générales fervira, fuivant l'inftitution des Tailles & Vingtièmes, à payer les dépenfes de la Guerre, de la Marine, & des Affaires Etrangères. Les fonds en feront comptés à un Comité des trois Secrétaires d'Etat ayant ces départemens, du Contrôleur Général, de deux Confeillers d'Etat, de deux Préfidens du Parlement, fans que l'on puiffe excéder ni changer la deftination de ces dépenfes dans les épargnes, feront à la fin de l'année employées à remplir les deftinations du Roi, ou verfées dans la caiffe d'extinction des dettes, fi fa Majefté n'en difpofe pas.

Nota. Le produit des recettes générales eft aujourd'hui, favoir;
La Taille.............................. 91,000,000 liv.
Capitation 41,000,000
Les Vingtièmes & quatre fous pour liv....... 55,000,000

       Total............187,000,000

Les fonds affectés aux payemens des départemens, font

(8)

Pour la Guerre...........................105,600,000 liv.
Pour la Marine........................... 45,200,000
Pour les Affaires Etrangères............. 9,000,000

A payer..................................159,800 000
Sur un fonds de..........................187,000,000

Il reftera un excédent de 28,000,000 liv. , non comprifes les réformes confidérables dont ces départemens font fufceptibles, & que le Comité fera chargé d'exécuter.

Le produit de la Ferme générale , de la Régie, ou celui des remplacemens qui leur feroient fubftitués, fervira, fuivant les Lois enregiftrées, à payer les intérêts , rentes viagères ou perpétuelles dues par le Roi, fans pouvoir en changer la deftination, à moins d'une épargne trouvée au bout de l'année.

Les Fermiers ou Régiffeurs généraux compteront de leur produit à un Comité qui fera compofé du Garde des Sceaux , du Secrétaire d'Etat ayant le département de la Cour, du Contrôleur Général, de deux Confeillers d'Etats, de deux Préfidens du Parlement , avec trois Payeurs des rentes.

Nota. Le produit des Fermes générales eft de la fomme de ....166,000,000 liv.
Celui de la Régie générale de 51,000,000

TOTAL............217,000,000
Suivant M. Necker les rentes viagères font de 81,000,000
Les rentes perpétuelles de 125,000,000

TOTAL..............206,000,000. *a Payer*
Sur un fonds de 217,000,000

Reftera un excédent de 11,000,000 , fauf les réformes ou

augmentations qui feront faites d'après les états au vrai, qui feront fournis à cet effet au Comité.

4°. Reftera le produit des Meffageries, de la Ferme des Poftes, des Parties Cafuelles, Loteries, Décimes, Don gratuit, & autres petits objets dont le produit monte au moins à foixante ou foixante-cinq millions; mais en diftrayant trente millions pour des dépenfes qui peuvent être inconnues, refteroit un produit de trente à trente-fix millions, dont il fera compté à un comité compofé des quatre Secrétaires d'Etat & du Contrôleur Général.

    Nota. Revenus cafuels en 1788.

    Marc d'or, Fermes des Poftes, & Loterie Royale.

Produit............	17,465,000 liv.	net......	12,845,859 liv.
Autres droits....	42,125,664	net......	29,269,829
Total......	59,590,664		42,105,088

Ce fond extraordinaire fervira de fupplément aux recettes ordinaires, & le Roi l'appliquera, fuivant les befoins, aux départemens de la Guerre, de la Marine, ou à l'acquittement des dettes.

Reftera à acquitter les dettes criardes qui ne portent aucun intérêt, mais defquelles il eft intéreffant d'être débarraffé pour conferver l'honneur de la Nation; la chofe fera très-aifée.

Au lieu d'une Caiffe d'Efcompte & de toutes les actions de Compagnies, qui ne font mifes fur la place que pour favorifer des ufures & des agiotages odieux, & dont tout le produit tourne entièrement au profit de quelques intrigans ou de quelques Banquiers étrangers qui n'ont pas pour fix millions de fonds en France, & qui ont fu accaparer le crédit & tout le numéraire de la Nation, en établiflant fur la place pour trois à quatre cent millions de papiers qui n'ont qu'une valeur idéale & fictive, dont ils ont tous les bénéfices, *il fera créé pour le compte du Roi, & à l'inftar des billets de la Caiffe d'Efcompte, des bons. de 200 liv., 400 liv., 600 liv. & 1000 liv. à reprendre fur la Caiffe d'extinction.*

Ces bons admis dans le commerce, entreront au moins jufqu'à concurrence d'un quart dans tous les payemens forcés, & feront acceptés fur ce taux dans toutes les caiffes royales.

Ces billets, s'ils étoient créés pour faciliter des emprunts ou des opérations onéreufes à l'Etat, feroient un défaut.

Mais en créer pour payer fes créanciers, opérer leur tranquillité, c'eft l'opération journalière des Commerçans & Banquiers qui veulent bien faire leurs affaires, & remplir leurs engagemens avec honneur.

Dans la première femaine de chaque mois une commiffion *ad hoc, compofée de deux Confeillers au Parlement, de deux Maîtres des Requêtes, de deux Confeillers des Monnoies,* calculera le montant des fommes verfées pendant le mois précédent à la Caiffe d'extinction.

Les Commiffaires vérifieront les bons qui s'y trouveront *& qu'ils auront tous fignés eux-mêmes,* ils les feront brûler, & en drefferont un procès-verbal qui fera rendu public.

Ils donneront l'argent de trois autres quarts trouvés

dans

dans la caiſſe d'extinction au Garde du Tréſor Royal, qui leur livrera pour pareille ſomme des bons qu'ils feront de même brûler avec procès - verbal , & ainſi de ſuite , tant qu'il y aura des bons dans la circulation.

Quand tous ces Bons feront en cendres , on appliquera ſucceſſivement ces fonds à rembourſer les capitaux des rentes perpétuelles, moyennant quoi le temps viendra né- ceſſairement, où la Couronne ſera pleinement liquidée de toutes ſes dettes.

Toutes les dettes acquittées , on pourra joindre l'Impôt territorial à la Taille , & n'en former qu'un ſeul impôt qui ſera reparti alors avec la plus grande juſtice poſſible , ſur tous poſſeſſeurs de fonds ſans diſtinction quelconques.

L'arrangemeut fait aujourd'hui de cette manière, n'exi- gera plus aucun ſoin ; il ne cauſera aucune difficulté, & la liquidation des dettes ſera infaillible avec le temps.

Si l'on allegue que cela ſera long, on répondra que la génération actuelle ne doit pas s'anéantir pour celle à venir ; le principal eſt d'établir de bonnes régles , & veiller à ce qu'elles ſoient exécutées bien fidèlement.

Les effets que le Roi aura donné en payement , & qui feront ſur la place , ne feront point un papier monnoie idéal, ni des billets de banque chimérique , des billets de la Caiſſe d'Eſcompte , des actions d'entrepriſes douteuſes , & faites pour enrichir quelques Particuliers aux dépens du Public, mais des effets de bonne valeur , des lettres de change ou billets au porteur , tirés ſur une caiſſe infailli- blement ſuffiſante aux payemens ſucceſſifs qui y feront faits ; ainſi toutes actions de la Caiſſe d'Eſcompte, tous billets de Tréſoriers , Directeurs d'entrepriſe , Patricotteurs de

* B

(10)

papier, &c., devront être proscrits du commerce, avec
défenses bien expresses d'être négociés à la Bourse.

Il sera au surplus pris des arrangemens pour que le
Roi, en subvenant au soulagement de ses Peuples, trouve
le moyen d'accélérer le remboursement des dettes criardes,
& de pourvoir au *déficit* qui pourroit se trouver dans le
payement des rentes viagères & perpétuelles dont il se
trouve débiteur, le plutôt possible.

Le plus simple de ces moyens, celui qui peut contri-
buer le plus au bonheur & à la prospérité du Royaume,
seroit de distraire absolument des Fermes Générales les
Traites & les Gabelles, & autres petits impôts qui n'au-
torisent que les vexations d'un Corps de sangsues qui s'en-
richissent aux dépens du pauvre Peuple, & sans bénéfice
pour Sa Majesté, afin de remplacer cet impôt par une im-
position générale sur les terres, laquelle en donnant à Sa
Majesté un double produit, débarrassera la Nation de
toutes les entraves qui gênent son commerce, sa population, & la bonne culture de ses terres.

Nota. On évalue à deux milliards & demi les revenus pro-
ductifs de la France ; ce qui établit un capital d'environ quarante
milliards.

Le centième denier de ~~quatre cent~~ quarante milliards seroit quatre
cents millions, le deux centième seroit de deux cents millions.

En asseyant sur ce tau l'impôt territorial, quels seroient les
Paysans, les malheureux propriétaires de terre qui composent
les trois quarts de la population du Royaume, & qui possèdent
pour toute fortune un, deux, trois, ou quatre arpens de terre,
dont la valeur peut être de 200, 400, ou 1000 liv., quel seroit,
dit-on, le propriétaire qui ne payeroit pas avec plaisir 2 liv.

(11)

3 liv. à 4 liv. de centième denier pour être délivré de la Gabelle à laquelle il est taxé annuellement par une consommation au moins de 25 à 30 livres.

Que de bénédictions ne donneroit -il pas à son Roi en payant une redevance aussi modique qui doubleroîent cependant les revenus du Roi, puisqu'en asseyant cet impôt au deux centième denier du capital, il produiroit cent vingt millions en sus des quatre - vingt que Roi perdroit par la suppression des Gabelles.

Sa Majesté seroit convaincue de la vérité de cet exposé, & de la justice d'une demande que la Nation lui feroit à genoux, si la voix de chaque individu étoit écoutée, si elle vouloit faire attention que les Gabelles qui sont portées dans le bail des Fermes pour . . . . 60,000,000 liv.

Et les Traites pour 20,000,000

Total à remplacer 80,000,000

Coûtent annuellement, suivant M. Necker même, plus de trente-trois millions; 1°. en frais connus & avérés ; 2°. autant de faux frais, exactions, procédures, contrebandes, & saisies évaluées à 4000 saisies par années, & qu'il avance sans oser les calculer ; 3°. le double en perte d'hommes, de travaux, de denrées & de journées de trente mille fainéans qui sont arrachés à l'Agriculture & au Commerce pour vexer les classes vivifiantes de l'Etat, le pauvre Peuple, dont il ne parle pas.

Quelle horreur qu'un impôt qui met un Peuple en servitude, qui soustrait à ses premiers besoins cent soixante millions pour en verser quatre-vingt dans les coffres du Prince !

Tandis qu'on peut y suppléer par un droit de remplacement, qui, moins onéreux & plus juftement réparti, fera payé avec aifance & grande fatisfaction, 1°. par les créanciers du Roi étrangers & nationaux en remplacement du vingtième au moins de leurs rentes; 2°. par les propriétaires des biens fonds qui payeront au Roi un centième ou deux centièmes de la valeur de leurs fonds, fuivant les fonds dont Sa Majefté aura befoin (a)

De tous les individus du Royaume qui payent aujourd'hui la Gabelle, & les mauvais droits des Fermes, aucun ne pourra demander, fous aucun prétexte, à être fouftrait au droit de remplacement, qui fera payé avec grande fatisfaction par les Princes, la Nobleffe, le Clergé, les Religieux qui confomment tous du fel, & par les Pays d'Etat même qui profiteront des avantages de l'anéantiffement de cet impôt.

Les dettes criardes étant dès à préfent éteintes par la création des effets royaux qui circuleront dans le commerce, & dont les payemens feront affurés par une caiffe d'extinction qui ne pourra fouffrir d'altération.

Les dépenfes du Roi & de la Couronne étant affurées par la deftination invariable des Domaines, droits domaniaux d'une part, & des recettes générales de l'autre.

Les intérêts des rentes viagères & perpétuelles étant affurés par une impofition fur les terres, qui fe payera par tout propriétaire de fonds indiftinctement.

Sa Majefté pourra dès à préfent ftatuer qu'en temps de guerre défenfive, les Sujets du Roi payeront pour les dé-

---

(a) On peut voir à ce fujet les *Idées d'un Citoyen*, par M. l'Abbé Baudeau, qui confirment la vérité de toutes ces affertions.

penfes extraordinaires, jufqu'à leur entier & parfait acquittement, le troifième Vingtième, un doublement de Capitation, une double retenue fur les rentes & penfions,
gages, falaires, payés par le Roi, comme auffi que tous
les rembourfemens des capitaux feront fufpendus.

Cette Caiffe militaire éventuelle fera fous l'infpection
& direction d'un Comité compofé du Garde des Sceaux,
des quatre Secrétaire d'Etat, du Contrôleur Général, de
neuf Députés, trois du Parlement, trois de la Chambre des
Comptes, & trois de la Cour des Aides.

Alors plus de dettes à contracter, plus de difficultés de
finances, au moyen de la caiffe éventuelle. On pourra
épargner beaucoup de millions fur l'état militaire & fur les
négociations; & le Roi étant toujours prêt à faire une guerre
vigoureufe à ceux qui l'attaqueront, fera refpecté, & jouira
d'une longue tranquillité, n'ayant plus de foins & d'inquiétudes que de jouir du bonheur de fon peuple, & du bien
être qu'il procurera à fes fujets; il fera comblé de gloire
& de bénédictions, & fervira de modele à tous les princes
qui défireront rendre leur état fleuriffant, & faire le bonheur de leurs fujets.

Suivant les aperçus ci-deffus, dont il fera aifé de rectifier les défauts de calcul, & affeoir des moyens fixes de
remplacer le déficit quand il fera bien
connu. On voit qu'actuellement même
les fonds d'épargnes de la Maifon du
Roi étant de . . . . 8,000,000 ₶
Ceux des départemens de Secrétaires
d'État 28,000,000
Les intérêts de rentes, de . . . 10,000,000

(14)

Le produit des Postes & Messageries   31,000,000
L'excédent du 100e. denier au moins   120,000,000

Il y aura annuellement pour éteindre
les dettes de l'État   197,000,000
Plus, le produit des marais salans suivant la note (a) ci-dessous   30,000,000

TOTAL, ...   227,000,000 ₶

Par la sage économie à laquelle le Roi consentiroit de se prêter, par les épargnes & économies qu'on peut mettre dans chaque partie d'Administration, on voit qu'il y auroit de grands fonds à verser dans la caisse d'extinction, & qu'en les fixant seulement à cent millions par an , ils seroient

---

(a). Le Roi en rendant le sel marchand , peut s'en réserver la vente exclusive sur les marais salans , à raison de cent sous ou six livres le quintal, soit un sou la livre.

Prix assez modique pour que l'on ne soit pas tenté d'en fabriquer sur les bords de la mer, en contravention des Gardes-Côtes qui seroient chargés d'y surveiller.

Ce sel, transporté dans les lieux du Royaume les plus éloignés, à raison de cent sous ou six livres le quintal, comme toutes autres marchandises, ne reviendroit au plus loin qu'à deux sous , deux sous & demi la livre, prix assez modique pour en doubler la consommation.

Il se consomme actuellement dans le Royaume trois millions cinq cents quintaux de sel, qui donneroit au Roi quinze à seize millions de revenu. Si la consommation en étoit doublée, comme on le présume quand le sel seroit marchand , ce seroit trente millions que le Roi retireroit encore de cette partie, qui ne donne actuellement que le double nonobstant toutes les entraves odieuses qu'on y rencontre.

fuffifans, quand on auroit mis l'ordre qui doit régner dans chaque partie d'adminiftration, pour maintenir, fans mettre de plus forts impôts, la circulation & le crédit des billets exiftans fur la place jufqu'à leur extinction, & qu'ils rempliroient tous les plans propofés, fans en venir à des réformes domeftiques, & à de petites économies, plus capables de dégrader la dignité & la majefté du Thrône, que de la faire refpecter.

La fimplicité de ce plan d'adminiftration en affure l'exécution d'une manière qui ne paroît fufceptible d'aucune contradiction, & calme les inquiétudes que le dérangement actuel des Finances a pu occafionner.

F I N.

tutions, quand on avoit mis l'original dans
chaque partie d'administration....................

Supplément avec les plus grandes, dans ce venir, & des
retranchemens de la dépense économie, plus
capables de dégrader la dignité & la majesté du Trône,

DÉPENSE DE LA GUERRE.

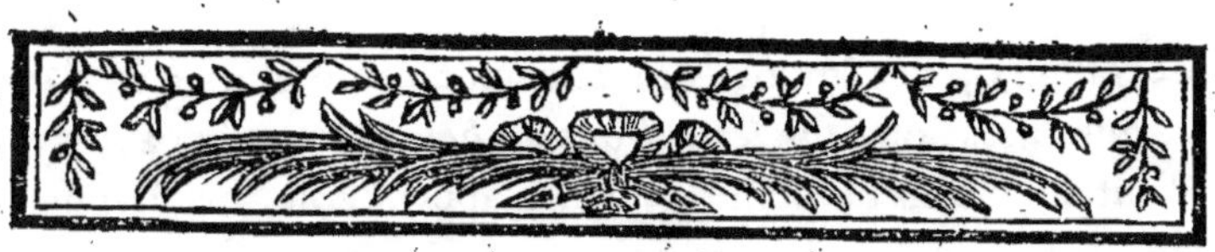

AU RÉDACTEUR

DU JOURNAL DE FRANCE.

Ce dix Avril, mil sept cent quatre-vingt-huit.

J'A I lu, MONSIEUR, avec plaisir l'analyse que vous avez faite des comptes rendus depuis 1758 à 1787, & dont il résulte que les dépenses qui ont été progressives, rélativement à l'augmention des denrées & aux dépenses de la guerre & de la Marine, occasionnent l'embarras actuel de nos finances. Mais il paroît qu'il en résulte aussi d'autres observations qu'il seroit intéressant de faire connoître. La premiere est qu'un défaut de soins & d'ordre dans l'administration des finances affectées aux départemens des ministres & de leurs subordonnés, a presque occasionné seule tous les désordres & dérangemens qui existent aujourd'hui.

2°. Que M. Necker & M. de Calonne, qui ont doublé le montant de la dette nationale, sont ceux qui ont le plus contribué au dérangement des finances, attendu que M. Necker, par ses emprunts viagers, a laissé à ses successeurs un excédent annuel de 70 à 80 millions à payer ; dette qu'il auroit pu éviter, en mettant, comme ses pré-

*A

décesseurs, des impôts qui auroient été éteints à la paix, & que la nation, *sur les raisons de besoin*, auroit payé avec d'autant moins de peine, qu'elle approuvoit fort la guerre des Insurgens, qui paroissoit anéantir la puissance de ses rivaux.

Et que M. de Calonne, qui étoit instruit du désordre des finances, dès son entrée au ministère, auroit du s'occuper d'économies, & travailler à libérer l'Etat, (à l'instar de M. Turgot, qui pendant son ministere avoit déjà éteint pour 20 millions de dettes), au lieu de se livrer à des prodigalités & à des dissipations de fonds, dont on ne connoît aucun motif louable.

Mais ce qui est singulier, c'est que ni M. de Calonne, ni M. Necker, qui *a avancé qu'il étoit le premier qui eût donné des comptes en regle, & mis ses successeurs à portée de diriger les finances avec aisance*, n'aient fait aucune mention du compte rendu par M. Turgot, qui est plus détaillé que les leurs, & qui paroît même avoir été le canevas du Traité de M. Necker sur l'administration des Finances.

Et que ni l'un ni l'autre n'aient parlé dans leurs états d'aucun encouragement à donner au commerce ni aux arts, tandis que M. Turgot en avoit porté pour 300,000 liv. dans son compte.

Comment M. Necker a-t-il pu oublier une partie aussi intéressante, qui auroit dû attirer sa première attention, de préférence à un agiotage & à l'établissement des loteries royales ? &c.

Et comment M. de Calonne, qui a tant sacrifié au soutien de l'agiotage, ne s'est-il pas occupé d'une partie qui ouvroit un vaste champ à ses prodigalités, comme à sa gloire ?

Ne pourroit-on pas dire que c'est parce que l'un & l'autre étoient dirigés par des Banquiers étrangers, qui détournoient de leurs attentions tout ce qui pouvoit intéresser le vrai bien de l'État, & machinoient peut-être déjà les révolutions actuelles, qui paroissent une suite de l'agiotage.

Peut-on, d'après cela, excufer M. de Vergennes d'avoir fait avec l'Angleterre un traité de commerce sur lequel il n'a consulté aucune Chambre de Commerce, ni aucun Député, & par lequel, en accordant *au Commerce Anglois, pour débouché de Commerce, 25 millions d'habitans, contre huit millions qu'offre en échange l'Angleterre,* il paroît que l'on a accordé à la Nation Angloise trois livres pour une, & tous les avantages que lui auroit pu donner un Ministre qui n'auroit jamais entendu parler commerce, ni manufacture, & qui n'a aucune connoissance des soins & de l'importance que demande une partie aussi intéressante, & aussi propre à donner du lustre à un Royaume.

Après ces données, on pourra voir que les dépenses de la Famille Royale n'ayant augmenté depuis 30 ans, que pour donner le néceffaire aux Princes du Sang, non feulement il est injuste & ridicule à la Nation de tourmenter fon Roi & ses Princes, pour des réformes domestiques, qui dégradent leur existence, qui contrarient leur bonté, leur bienfaisance naturelle, & qui anéantiffent la majesté & la dignité qui doivent toujours entourer un Monarque françois ; mais que ces réformes même font oppofées & entie-

rement contraires au bien de l'Etat, & au genre de confidération & de luftre que la Nation doit donner à fes Princes,
afin qu'ils alimentent dans Paris le goût des fciences, des
arts, de l'induftrie, des modes & autres objets qui peuvent
attirer les étrangers, donner de la confidération à la Nation, faire verfer dans Paris des fommes immenfes, des
quatre parties du monde, & conferver la prépondérance
dont cette ville jouit depuis fi long-temps.

Il paroît que la feule chofe que la Nation ait à demander
à fon Roi & fes Princes, c'eft de les prier de mettre
dans leurs maifons un ordre qui obvie à tous gafpillages,
& qu'ils portent le s dépenfes fur des objets propres à fou-
tenir le décorum de la royauté, à attirer l'admiration des
étrangers, & à conferver à la Nation cette fupériorité que
fon local, fon génie, & fon activité lui ont acquife jufqu'à
ce jour.

L'économie particuliere du Roi, la régularité de fa
conduite & de fes mœurs, depuis qu'il eft fur le trône,
joints à l'efprit de bonté & de bienfaifance paternelle avec
lefquels il a accueilli tous les plans qui lui ont été préfen-
tés pour opérer le bonheur de fes fujets, & réparer les
défordres que l'impéritie de quelques Miniftres a mis dans
fes finances, annoncent le défir qu'il a de rendre fon Peuple
heureux.

Comment ne doit-on pas efpérer que le défir que fes
Miniftres paroiffent avoir aujourd'hui de régénérer l'Etat,
aura le plus heureux fuccès ? D'abord qu'en fuivant les
plans adoptés à l'affemblée des Notables, on verra qu'il
eft pris des arrangemens pour obvier à toutes dépenfes
inutiles, à réformer celles qui font reconnues onéreufes ou

infructueuses, & empêcher à l'avenir tous les abus que le despotisme de quelques Ministres pourroit introduire.

En remplaçant par un impôt unique, également réparti sur tous les sujets de l'Etat & propriétaires de fonds indistinctement, le produit des traites & des gabelles, dont l'exiftence a été reconnue ruineuse pour l'Etat, & deftructive du commerce, de l'agriculture, & de la population du Royaume.

En abrogeant, par un code civil & criminel, des lois qui, reconnues uniformes dans le Royaume, anéantiront une multitude de formes, de coutumes locales, d'édits & d'arrêts contradictoires, qui font devenus impraticables, & laiffent à la chicane & à la mauvaife foi des reffources infinies pour abforber la fortune de tous les infortunés qui font dans le cas d'avoir des procès, ou à qui on en fufcite fouvent avec le pur deffein de les ruiner.

En abrogeant enfin des priviléges & exemptions d'impôts accordés aux sujets de l'Etat les plus aifés & les plus en état de les fupporter, au préjudice de la portion la plus indigente & la plus laborieufe de la Nation, qui fe trouve écrafée par ces exemptions particulieres.

L'exécution de tous ces projets promis, une fois réalifée par des réglemens faits & fuivis avec foin, rendra bientôt à l'Etat tout le luftre qu'il doit naturellement avoir.

Elle fera chérir un Roi qui mérite de l'être, parce qu'il connoît que la bafe de fon pouvoir & de fon exiftence eft fondée fur l'affection de fon Peuple, & d'une multitude de fujets, qui, à leur tour, doivent trouver leur fûreté & leur bonheur dans la protection, l'appui

& l'exiftence que le Roi leur accorde, & parce qu'il
défire que les êtres intermédiaires qui fe trouvent chargés
de l'exécution de fes volontés ou de celles du Peuple,
fe conforment ftrictement aux devoirs de leurs places,
fans y donner d'extenfions par des interprétations dictées
par des vues perfonnelles, capables de contrarier les intentions du Roi, métamorphofer celles de fes fujets & nuire
ou altérer l'ordre public, bafe du vrai bonheur des Nations.

F I N.